EMBAJADORAS Y ESPÍAS

ELENA TORREGARAY PAGOLA

© Elena Torregaray Pagola
© De la presente edición, Prensas de la Universidad de Zaragoza (Vicerrectorado de Cultura y Proyección Social)
1.ª edición, 2025

Este Cuaderno ha sido financiado por la Red Libera Res Publica (RED2022-134584-T, Agencia Estatal de Investigación, Ministerio de Ciencia e Innovación, Gobierno de España).

Imagen de cubierta: José Garnelo y Alda. *Veturia y Coriolano* (1893). Museo Garnelo. Agradezco al museo Garnelo el permiso de reproducción de la foto de cubierta, así como las facilidades para la obtención de la imagen.

Cuadernos *Libera Res Publica*. Las Mujeres en la República Romana, 6

Directores de los Cuadernos *Libera Res Publica:*
Cristina Rosillo-López
Francisco Pina Polo
Elena Torregaray Pagola

Prensas de la Universidad de Zaragoza. Edificio de Ciencias Geológicas, c/ Pedro Cerbuna, 12 50009 Zaragoza, España. Tel.: 976 761 330
puz@unizar.es • http://puz.unizar.es

Editorial Universidad de Sevilla, c/ Porvenir, 27, 41013 Sevilla, España.
Tel.: 954 487 447 • info-eus@us.es • https://editorial.us.es

ISBN 979-13-87705-19-0
Impreso en España
Imprime: Servicio de Publicaciones. Universidad de Zaragoza
Depósito legal: Z 530-2025

Briseida, la más hermosa de las cautivas de Aquiles, le escribe en las *Heroidas* una apasionada carta y, en un latín perfecto y poético, pide al ejército griego que la rodea ser enviada ante el héroe como delegada (Ovidio, *Briseida a Aquiles* 127). Estos conocidos versos, aunque ambientados en la remota guerra de Troya, resumen perfectamente lo que se espera de una embajadora en la época en la que escribe el poeta latino, entre finales del siglo I a. C. y principios del I d. C. Primero, y como sucede en el caso de sus homólogos masculinos, debe ser elegida en calidad de representante (*legata*) y, luego, tiene que presentar su petición ante quien la reciba (*mandata*). Además, Briseida afirma que dará el mensaje que se le ha encargado, pero que no utilizará la retórica habitual para persuadir a su interlocutor, Aquiles en este caso, sino que recurrirá a los besos y, si es necesario, a los abrazos y a las lágrimas para tener éxito en su solicitud (fig. 1).

En unos pocos héxametros, Ovidio nos ofrece un retrato estereotipado de lo que el imaginario romano consideraba que debía ser el comportamiento de una embajadora, y que se caracterizaba por el uso de pocas palabras, el despliegue de una gran emoción, una gestualidad elocuente bajo la forma de suplicante y, en caso necesario, la interposición del propio cuerpo como instrumento diplomático. Pero Briseida es, también, una mujer extranjera y, como tal, a los ojos de un romano como Ovidio se trataba de alguien con una extraordinaria capacidad para dejarse llevar por los sentimientos más extremos en una situación como la que se describe (fig. 2). Por ello, en su misión, la joven deberá cuidarse de no traspasar la fina línea que separa el éxito del fracaso en diplomacia y que podría convertirla de reconocida mensajera en vil espía y, en consecuencia, en una mujer capaz de traicionar a su patria por amor o por codicia.

Fig. 1. *Briseida y Aquiles*. Pintura mural. Pompeya, siglo I d. C. Museo Arqueológico de Nápoles. Wikimedia Commons.

Fig. 2. *Encuentro de Helena de Troya y París*. Pintura mural. Pompeya, siglo I d. C. Museo Arqueológico de Nápoles. Wikimedia Commons.

1.
Embajadoras

Aunque Valerio Máximo (*Hechos y dichos memorables* 4.3.1) calificaba en el siglo I d. C. la tarea de formar parte de una embajada como un *officium*, en realidad no existe en Roma una magistratura ni un cargo específico político, militar o religioso dedicado a la diplomacia. En términos generales, se consideraba un servicio público. Por la naturaleza de la diplomacia antigua, que es diferente de la moderna y contemporánea, los embajadores como tales no existían, ni tampoco había habilitadas sedes permanentes en otros países ni representaciones diplomáticas al uso. Cuando se trataba de establecer relaciones con una comunidad extranjera, la República romana organizaba una legación coyuntural, que solo servía para atender a esa circunstancia. Una vez finalizada la misión, los embajadores dejaban de serlo y el resultado de la misma se medía en términos de éxito o fracaso inmediato, al igual que sucedía con las batallas. Generalmente, estas embajadas tenían como objetivo la obtención de información para ayudar a las instituciones romanas a tomar una decisión sobre asuntos políticos y militares concernientes a los intereses del Estado en política exterior. En ese contexto, y según la información de la que disponemos, la mayoría de los embajadores eran hombres. La razón fundamental para ello es que se les consideraba naturalmente competentes por haber sido formados y entrenados para la vida pública, ya fuera en su vertiente política o militar, y tener, por lo tanto, un conocimiento suficiente de los asuntos a tratar en los encuentros diplomáticos. Aparentemente, siguiendo tal lógica, las mujeres quedaban excluidas de este escenario, puesto que, al no haber sido educadas y al no tener experiencia en dichos asuntos políticos y militares, carecían de la capacidad de intervenir en ellos. Esto es lo que se refleja igualmente en el *Digesto*, la compilación justinianea de leyes romanas, donde se afirma que las mujeres no pueden asumir magistraturas en Roma, no por incapacidad, sino porque no han sido formadas ni entrenadas para ello.

Fig. 3. Dea Barberini. Fresco de la diosa Venus representada como Roma, siglo IV d. C. Palazzo Massimo alle Terme, Roma. Wikimedia Commons.

Esta mentalidad no impidió, sin embargo, que, a partir del siglo I a. C., la imagen de Roma, divinizada, estuviera encarnada por una figura femenina (fig. 3). Ello nos da pie a pensar que no había dudas, aunque sí límites, sobre la participación de las mujeres en la vida institucional de la República romana. Por eso, el Estado romano contemplaba la intervención femenina en la práctica diplomática, pero en situaciones realmente excepcionales. Tan excepcionales eran estas circunstancias que podrían calificarse como desesperadas. Los casos que conocemos son aquellos en los que estuvo en juego la supervivencia de la propia

Roma, y las mujeres vinieron a constituir lo que podríamos calificar como una diplomacia de último recurso, aquella en la que ninguno de los agentes habituales había podido alcanzar el éxito en su misión. Es aquí cuando entraban en escena las embajadoras, que legitimaban su representación por razón de su parentesco con los protagonistas de la acción. Lo que se esperaba de ellas en tan delicadas circunstancias era que llevaran sus capacidades «femeninas» al extremo y actuaran como heroínas patrióticas.

1.1. Las embajadoras heroicas: todo por la patria

Los escritores que recrearon para Augusto el pasado glorioso de Roma y los orígenes de la Ciudad imaginaron también las primeras embajadoras de los romanos. Todas ellas entraron en acción cuando Roma tuvo que afrontar situaciones delicadas. La «crisis de las sabinas» fue la primera que conocemos. Rómulo, el rey fundador de Roma, preocupado por la falta de mujeres que amenazaba la continuación de la Ciudad, envió una petición de ayuda a las comunidades vecinas, pero no tuvo éxito. Ante el fracaso, se impuso un cambio de táctica, e invitó a las familias de dichas comunidades a una fiesta religiosa en Roma. Cuando estas acudieron para la celebración, la trampa se cerró sobre ellas y los hombres romanos secuestraron a las jóvenes itálicas. Sus parientes huyeron de la ciudad y, en las semanas siguientes, se formó una coalición entre varios de los pueblos afectados para iniciar una operación de liberación de tipo militar. La respuesta tardó en producirse, y mientras tanto las mujeres raptadas, mayoritariamente sabinas, fueron forzadas al matrimonio con los romanos.

Para cuando el grupo de rescate se acercó a las murallas de Roma, las esposas eran ya madres y habían contribuido al crecimiento de la Ciudad, tal y como Rómulo había planeado. La situación era innegablemente complicada, porque, de todos los que iniciaron la guerra contra los romanos, los más agresivos y exitosos habían sido los sabinos, quienes llegaron hasta las puertas de Roma con la intención de atacarla si no se les devolvía a sus mujeres. Es entonces cuando las raptadas, antes itálicas y

Fig. 4. Denario que representa el rapto de las sabinas. Siglo I a. C. Wikimedia Commons.

ahora ya romanas, deciden intervenir para proteger tanto a sus parientes como a sus nuevas familias y, además, en el proceso, salvar a su nueva patria romana de la destrucción (fig. 4).

Las sabinas, convertidas ya en matronas romanas, eligen a Hersilia, la esposa de Rómulo, como embajadora para interceder ante su marido y el Senado, y evitar el enfrentamiento bélico con los sabinos (texto 1). No siendo esto suficiente, avanzan hasta el mismo campamento de los sabinos, que habían entrado ya en Roma. Aquí los relatos difieren según los autores: los más extremos las sitúan utilizando dramáticamente sus cuerpos y los de sus hijos para interponerse físicamente entre los contendientes; otros las representan enlutadas, como suplicantes, utilizando los recursos más trágicos, cayendo de rodillas y recurriendo a los ruegos y los llantos para detener el derramamiento de sangre. Su éxito les proporcionó el reconocimiento del cumplimiento de su deber patriótico, así como la concesión de premios y honores. La acción emprendida resultó muy relevante como contribución a la salvación de Roma, y las integraba en la sociedad como un elemento imprescindible entre todos aquellos que formaban parte de la naciente comunidad romana. Independientemente de para qué habían sido formadas y entrenadas, las mujeres demostraron ser altamente eficaces en momentos de crisis, así como unas colaboradoras necesarias en las relaciones diplomáticas entre comunidades que no podían solventar los conflictos únicamente mediante la guerra.

«Las esposas de los romanos que tenían origen sabino, por cuya causa se libraba la guerra, se reunieron apartadas de los hombres y decidieron iniciar ellas mismas conversaciones para lograr la reconciliación de ambos bandos. La que propuso este plan a las mujeres tenía el nombre de Hersilia, de ilustre familia entre los sabinos […] Una vez tomada esta decisión, las mujeres se dirigieron al Senado y, tras ser escuchadas, elevaron largas súplicas, pidiendo permiso para salir al encuentro de sus parientes, pues decían tener grandes esperanzas de reunir a los pueblos en uno solo y hacer un tratado de amistad. Cuando los senadores que estaban con el rey oyeron esto, se alegraron mucho y pensaron que era la única salida a una situación irresoluble».

Tres siglos después, en el v a. C., el escenario volverá a repetirse cuando Gayo Marcio Coriolano, que había gozado de la reputación de ser un héroe militar romano, amenace Roma tras haber sido expulsado de ella durante el conflicto social entre patricios y plebeyos en el 492 a. C. Al frente de un ejército de volscos, enemigos de los romanos, se presentó ante las murallas de la Ciudad con intención de conquistarla. Todos los intentos diplomáticos para hacerle desistir fracasaron, y, en esa situación límite, las mujeres de Roma deciden acudir a Veturia, la madre de Coriolano, para que encabece una delegación que pida a su hijo que desista de su ataque utilizando, en vez de las armas, «buena voluntad y palabras». Sus argumentos son inapelables, ya que le recuerdan que la patria no puede ser sometida, y que las mujeres y sus hijos no deben ser ultrajados por los asaltantes.

Vista la situación, el Senado, tras largas y arduas deliberaciones, autoriza a Veturia y a Volumnia, la esposa de Coriolano, para encabezar una procesión de mujeres que se dirija al campamento enemigo y persuada a su líder militar.

Cuando la madre llega al campamento, el general romano se emociona y la atiende como un hijo entregado. En su discurso, Veturia recuerda a Coriolano que son las mujeres y sus hijos quienes sufren de forma más cruel las violencias de la guerra, puesto que no pueden defenderse como los hombres. Además, le conmina a solicitar una tregua de un año durante la cual pueda enviar y recibir embajadas de Roma para negociar la paz y la reconciliación. Veturia, en un largo discurso puesto en su boca por Dionisio de Halicarnaso (*Antigüedades romanas* 8.44.53), aboga ante su hijo por el perdón y por el olvido de los resentimientos, y por hacer lo justo y conveniente para la patria. Al final de sus palabras, la madre de Coriolano se arroja como suplicante a los pies de su hijo y le pide que salve a Roma, aunque sea por el respeto que le debe a ella como madre y como anciana. El discurso mezcla temas centrales de la identidad política romana con la devoción debida a la familia y a los dioses. Su objetivo era combinar la razón con la emoción y hacer desistir a Coriolano de unos propósitos que se consideran criminales por parte de los romanos.

El general es convencido por los argumentos de su madre y desiste de atacar Roma, aunque afirma ante ella que lo ha perdido como hijo. Las mujeres regresan a la Ciudad, donde son recibidas como heroínas y, como había sucedido con las sabinas, son también premiadas con honores y agradecimiento público (texto 2). La embajada resultó, por lo tanto, exitosa. El servicio que las mujeres como embajadoras prestaron a la Ciudad les reportó diferentes premios, y entre los más significativos está el hecho de que, en adelante, los varones tuvieran que ceder el paso a las mujeres como reconocimiento a la superioridad de la estola sobre la espada. Además, se les proporcionaron distinciones públicas, como el uso de cintas, vestidos de púrpura y adornos de oro como evidencias de su contribución decisiva a la salvación de Roma.

TEXTO 2.
PREMIOS Y HONORES
PARA LAS EMBAJADORAS
(Valerio Máximo, *Hechos y dichos memorables* 5.2.1)

«Comencemos con los ejemplos públicos: cuando Marcio intentaba llevar a la ruina a su patria y, después de poner un poderoso ejército de volscos ante las puertas de Roma, amenazaba con sumir al imperio romano en la muerte y la oscuridad, las súplicas de su madre Veturia y de su esposa Volumnia lograron disuadirlo de sus impíos propósitos. En honor a estas mujeres, el Senado decretó importantes distinciones en favor de las madres de familia. Se estableció que los hombres debían ceder el paso a las mujeres en la vía pública, reconociendo así que la estola femenina había sido más beneficiosa para la república que las armas. Además, se añadió un nuevo símbolo de distinción a los tradicionales pendientes: una cinta sobre la cabeza. También se les permitió llevar vestidos de púrpura adornados con guarniciones de oro. Por si fuera poco, se mandó construir un templo y un altar dedicados a la diosa *Fortuna de las Mujeres* [fig. 5] en el mismo lugar donde Coriolano había cedido ante las súplicas de su madre y su esposa. De esta manera, la institución de un nuevo culto dejaba constancia de la deuda de gratitud que sentía la República por tan noble gesto».

De una lectura atenta de ambos relatos en las fuentes clásicas, que contienen una mezcla de hechos históricos, exaltaciones patrióticas y leyendas moralizantes, pueden extraerse varias conclusiones políticas, pero también es posible obtener una imagen de lo que los romanos consideraban una embajadora. Se

Fig. 5. Representación de la diosa Fortuna en su templo. Hatra, siglos II-III d. C. Museo de Hatra, Iraq. Wikimedia Commons.

trataba de una mujer cuya elección para la misión venía determinada por el parentesco próximo con algunos de los implicados en el conflicto, ya fueran esposas, madres o hijas. El recurso a su intervención es una medida extrema, cuando todo lo demás ha fallado y se considera que es necesario poner en juego la emoción más que la negociación. Sus recursos diplomáticos parten de esa premisa, ya que toman la posición de suplicantes, siempre en situación de inferioridad con respecto a sus interlocutores. Su mensaje, en la misma línea, es una petición, una demanda y una súplica. Su objetivo es siempre mantener a salvo a su familia, pero, sobre todo, contribuir a socorrer a su patria, en este caso, Roma. En realidad, estas mujeres fueron heroizadas a partir de unos servicios diplomáticos que resultaron fundamentales para garantizar la supervivencia de la comunidad romana.

1.2. Las embajadoras mediadoras: elogio de la conciliación

Pero esta imagen de la embajadora heroica, la salvadora de Roma, no se fabricó en el momento histórico en el que sucedió, sino que, en realidad, fue diseñada más tarde, en un momento particular, cuando la República romana avanzaba hacia el colapso de sus instituciones debido a una multiplicidad de causas políticas, institucionales, económicas y militares. En ese período, el siglo I a. C., una serie de mujeres, familiares de los hombres más destacados de la política romana, desempeñaron un papel importante como mediadoras en los conflictos que enfrentaban a dichos líderes políticos. Esta función, que permitió la supervivencia de muchas familias y la transformación de la República en un nuevo régimen, pero no su destrucción, inspiró a muchos autores de los últimos años de la República y los primeros del Principado de Augusto para moldear la figura de una mujer capaz de representar a Roma desde su legitimidad como miembro de una familia, y de intervenir eficazmente en pro de su salvación y su supervivencia. El resultado fue la exaltación de estas mujeres que habían protagonizado los inicios de la historia romana, a las que se les confirió en la historia y la literatura un papel modélico que encajaba mejor con las necesidades de la República tardía, desesperada por encontrar una salida a una sucesión de luchas políticas y sociales que parecían no tener fin.

Una versión más ajustada a la realidad de la época muestra a las mujeres de la República en funciones cooperativas dentro del seno de la familia, entendidas estas en un sentido amplio, tanto público como privado. Se trataba ahora de considerar la familia como una unidad colaborativa, en la que todos sus miembros, pero, básicamente, el matrimonio en el que se sustentaba, podían contribuir al éxito de la misma, tanto en el plano político como en el institucional y el económico. Ya no se exigía tanto comportarse heroicamente ante los enemigos de Roma como prestar apoyo a las tareas diplomáticas que aumentaran la influencia y el prestigio de los miembros masculinos de la familia que podían gozar de una posición institucional. Para hacer posible ese avance era imprescindible que las mujeres colaboraran en acciones diplomáticas cuando fuera necesario recibir en las *domus* de Roma a embajadores y negociadores extranjeros, en sus visitas de consulta previas a las audiencias oficiales en el Senado. El avance y la comprensión de ese trabajo común de la pareja matrimonial durante la República se percibe claramente en Roma a partir del siglo iii a. C. y va a eclosionar a lo largo del siglo i a. C., cuando las guerras civiles que convulsionaron a la sociedad romana convirtieron en apremiante la necesidad de transformar unas habilidades diplomáticas adquiridas durante el período de la expansión transmarina de Roma en actividades de mediación interna.

Esta vertiente colaborativa del matrimonio como pareja diplomática se puso a prueba cuando Roma volvió a enfrentarse a una nueva amenaza en los territorios que poco a poco había ido conquistando en el sur de la península itálica. Pirro, rey del Épiro, envuelto en los ecos de la leyenda de Alejandro Magno, desafió el creciente poder romano con su victoria en la batalla de Heraclea en el 280 a. C. Partiendo de esa ventaja, el monarca envió a su más reputado embajador, Cineas, un hombre culto y experimentado, para ganarse el favor del Senado de Roma y persuadirlo de acordar una tregua que condujera a una paz negociada. Para obtener una buena disposición de sus interlocutores, el embajador remitió previamente regalos a las casas de los «hombres y mujeres» de Roma. El gesto era audaz pero también comprometido, ya que podía ser considerado como un soborno. Sin embargo, lo más llamativo de esta acción diplomática es que algunos autores clásicos señalan que Cineas había elegido regalos específicos según el género y que, en el caso de las mujeres, eran probablemente vestidos y joyas (fig. 6). Por lo tanto, esta oferta pone en evidencia que era habitual que los matrimonios actuaran en estos casos como una pareja diplomática que se complementaba, en una estrategia para alcanzar unos objetivos

Fig. 6. Pendiente con cabeza de animal, siglos IV-III a. C. MET Museum. Wikimedia Commons.

determinados que beneficiaran políticamente al conjunto de la familia. Tanto ellos como ellas rechazaron los regalos y negaron al embajador el acceso a sus casas, dejando clara su postura contraria a los intentos de alcanzar una paz negociada por parte de Pirro. El mensaje era claro, la salvación de Roma no pasaba por su sumisión a un monarca extranjero, y las mujeres, al rechazar los regalos diplomáticos, cumplieron con el mismo deber patriótico que se les había adjudicado a sus antecesoras sabinas.

Esta actitud tan tajante nos muestra nuevamente el alcance de la colaboración de los miembros femeninos de la familia en cuestiones diplomáticas. Obviamente, de las mujeres se esperaba que fueran actrices de la hospitalidad y que, en esos contextos, entre lo público y lo privado, desempeñaran un papel de mediación en el que pudieran obtener o manejar información que facilitara el éxito de los acuerdos que presenciaban (fig. 7). En el caso de los regalos de la embajada de Cineas, lo que se planteaba era la adopción de una postura favorable a la paz o a la tregua entre Pirro y los romanos, pero las mujeres decidieron no escenificar ningún papel en esa negociación, que parece ser que era lo habitual o lo que se esperaba de ellas en esos contextos.

Fig. 7. *Mujer portando frutas.* Villa della Pisanella. Pintura mural. Pompeya, siglo I d. C., Museo de Boscoreale. Wikimedia Commons.

Este rol colaborativo en tareas diplomáticas será asumido por otras mujeres romanas según avance la extensión territorial de Roma. Entre ellas destaca la celebérrima Cornelia, hija de Escipión Africano el Mayor, el vencedor de Aníbal; esposa de Tiberio Sempronio Graco, general en las guerras contra los celtíberos y hábil diplomático; y, por último, madre de los Gracos, los políticos asesinados en la segunda mitad del siglo II a. C. por sus intentos reformadores. Proveniente de una familia que había establecido numerosas relaciones personales con reyes a lo largo de todo el territorio conquistado por Roma, su labor de facilitadora deja ver otro de los elementos básicos de la fórmula colaborativa en las familias romanas. Según Plutarco, Cornelia era una mujer que en su villa del golfo de Nápoles practicaba la hospitalidad recibiendo a filósofos y literatos griegos. Pero, además, el escritor heleno afirma que tenía por costumbre intercambiar regalos con los monarcas reinantes, en una evidente labor de intermediación diplomática que estaba capacitada para llevar a cabo gracias a las importantes conexiones que los generales de su familia habían realizado a través de grandes y exitosas campañas militares en el pasado.

Ella misma, ya viuda de Graco, recibió una oferta matrimonial por parte de Ptolomeo VIII de Egipto, que no aceptó por no ser una costumbre romana el casar a mujeres de su aristocracia con extranjeros, aunque fueran reyes (Plutarco, *Vida de Tiberio Graco* 1.4-7; fig. 8). Pero la petición en sí misma revela la cercanía de los interlocutores reales con las élites romanas, y la posibilidad de contar con una mujer en la corte egipcia que pudiera ejercer como mediadora entre los dos Estados parecía real y posible en el siglo II a. C. El ejemplo de Cornelia no deja lugar a dudas sobre el relevante papel de las mujeres de la élite romana en las tareas diplomáticas, las cuales se habían incrementado exponencialmente a raíz de las conquistas de los famosos y victoriosos generales de la República media.

La inusual propuesta de matrimonio a Cornelia por parte del monarca ptolemaico reveló también un nuevo contexto para la aristocracia romana, producto de la rápida expansión territorial de la República a partir del siglo III a. C., y es que los romanos se vieron confrontados a otras culturas diplomáticas que daban mayor visibilidad a las mujeres en sus relaciones exteriores. Por ejemplo, el historiador griego Polibio cuenta cómo Alejandro Balas, pretendiente al trono de Siria, y su hermana Laódice fueron presentados ante el Senado por el embajador Heraclidas con la intención de que el primero fuera reconocido como monarca legítimo (Polibio, *Historias* 33.18.6-14). No se sabe con certeza cuál fue el alcance concreto de la intervención de Laódice ante el Senado, si es que la tuvo más allá de su mera presencia (fig. 9). Pero el mismo Polibio afirma que se redactó un decreto en el que se reconocía la intervención de ambos ante la máxima asamblea romana y que se les concedía la ayuda solicitada. Lo cierto es que, posteriormente, Laódice, que ocupó el trono del Ponto (en la actual Turquía) como consorte y después como regente, fue siempre una fiel e incondicional

Fig. 8. Laurent de la Hyre, *Cornelia rechazando la propuesta de matrimonio de Ptolomeo VIII*. 1646. Museo de Bellas Artes de Budapest. Wikimedia Commons.

amiga y aliada de Roma, con la que mantuvo una estrecha relación diplomática a lo largo de su vida. Hay que suponer que
su presencia en Roma en aquel momento le resultó altamente
provechosa.

Fig. 9. Copia romana del busto de una mujer helenística de los siglos III-II a. C. MET Museum.

Casi cien años más tarde, Cleopatra VII de Egipto, la más famosa de las reinas ptolemaicas, realizó una larga estancia de casi dos años en Roma, adonde acudió por una invitación-convocatoria de Julio César. Instalada en la villa que este poseía en el Trastévere, los autores clásicos afirman que tenía por costumbre recibir en su residencia a importantes hombres políticos de Roma, con los que, sin duda, discutía cuestiones relativas a la situación de Egipto en la geopolítica de la República romana. Es sabido que es en esta época cuando Cicerón manifestó abiertamente su disgusto hacia la reina por estas y otras actividades llevadas a cabo por la soberana egipcia (Cicerón, *Cartas a Ático* 15.15.2; fig. 10). Pero, en cualquier caso, la práctica de la mediación femenina era aceptada y aceptable en la aristocracia romana, tanto por parte de mujeres romanas como extranjeras.

Si retomamos en este punto el protagonismo de Cornelia Africana, resulta evidente que es a partir de ese momento cuando se hizo cada vez más visible la colaboración de las mujeres romanas y su participación en el desarrollo de las carreras de sus familiares masculinos. Su caso fue, sin lugar a dudas, uno de los mejores ejemplos de la gran transformación social que afectó de forma nuclear a la sociedad romana como consecuencia del proceso de rápida expansión de la República. A lo largo del mismo, todas sus instituciones se vieron afectadas por los cambios que tuvieron lugar como resultado de la guerra continuada, y la situación de las mujeres no fue una excepción. Una de las principales consecuencias propiciadas por esta aceleración había sido un incremento de las tensiones políticas entre los miembros de la élite, que se sustanció en toda una serie de crisis internas a lo largo del siglo i a. C.

Esta situación desembocó en unas cruentas guerras civiles que pusieron en jaque todo el sistema institucional romano y que llevaron, de nuevo, a una reedición de los temores por la supervivencia de la comunidad romana. Otra vez, las mujeres, ahora más empoderadas por las transformaciones sociales antes mencionadas, tomaron protagonismo y ejercieron un rol diplomático, pero en un contexto interno. Por eso, en este momento, es más apropiado hablar de mediadoras y facilitadoras. Las circunstancias volvieron a repetirse: estas mediadoras pertenecían, en primer lugar, a las familias más prominentes de Roma, y estaban relacionadas por parentesco con los hombres y mujeres con los que ejercían las labores de intermediación. Su intervención volvió a ser un recurso necesario, ya que se convirtió en un ins-

Fig. 10. Tetradracma de Cleopatra VII. Ceca de Ascalón, Israel. Wikimedia Commons.

trumento útil para establecer una forma no violenta de resolución de conflictos, así como una herramienta de negociación de ventajas, honores y privilegios en el seno de la sociedad romana.

Cuando se habla de mujeres y mediación en la época triunviral, la más conflictiva y la que condujo al fin de la República romana es la figura de Octavia, la hermana del futuro Augusto y esposa de Marco Antonio, quien aparece rápidamente en escena. Su famosa intervención en el encuentro de Tarento, entre los dos grandes líderes políticos abocados a la confrontación por la primacía en el control del poder en Roma, representa, de algún modo, un hito en el aumento de la visibilidad de las tareas de mediación femenina (texto 3).

TEXTO 3.
OCTAVIA, MODELO DE MEDIADORA
(Plutarco, *Vida de Antonio* 35.4-5)

«Antonio zarpó hacia Italia con una flota de trescientas naves, pero, al no ser recibido en Bríndisi, se vio obligado a dirigir sus barcos hacia Tarento. Junto a él viajaba Octavia, quien había embarcado con él en Grecia y estaba embarazada de su segunda hija con Antonio. A petición suya, Antonio envió a Octavia con su hermano. Acudió a su encuentro su hermano en compañía de sus amigos Agripa y Mecenas. Durante la conversación, Octavia, visiblemente agitada, le suplicó con insistencia que no permitiera que su destino cambiara de la mayor felicidad a la mayor desgracia. Expresó su angustia diciendo que, al estar vinculada con dos generales, uno como esposo y el otro como hermano, todas las miradas estaban puestas en ella. Y añadió: "Si llegáis a enfrentaros en guerra, nadie puede prever a quién favorecerá la fortuna o quién será el derrotado, pero, en cualquier caso, mi destino será trágico". Conmovido por sus palabras, César decidió acudir a Tarento en son de paz. Allí ofreció un impresionante espectáculo a los presentes, desplegando su ejército de infantería en tierra y exhibiendo su poderosa flota anclada en los muelles. Mientras tanto, ambos generales, rodeados de sus séquitos, intercambiaban gestos de cortesía y muestras de afecto en sus conversaciones».

En el otoño del 40 a. C., Octavio y Marco Antonio llegaron a un acuerdo en Bríndisi que evitaba la guerra civil entre ambos mediante un reparto territorial. Para sellar la alianza acordaron el matrimonio entre Antonio y Octavia, la hermana de Octavio. Plutarco señala que se esperaba que la belleza, inteligencia y dig-

Fig. 11. Pórtico de Octavia. Roma. Wikimedia Commons.

nidad de la dama garantizarían la armonía entre ambos hombres, y esto supondría la salvación de una Roma agitada por la zozobra. La boda era, además, un gesto de reconciliación, y como tal fue celebrada. La armonía duró hasta el 37 a. C., año en el que la situación se agravó tanto que requirió la intervención de una embarazada Octavia, que reunió a su esposo y a su hermano en Tarento con la esperanza de reconducir la situación (Apiano, *Gueras civiles* 5.93; Plutarco, *Vida de Antonio*. 35.1).

Octavia se dirigió a su hermano con razonamientos, pero también con ruegos y súplicas de no sumirla en la desesperación. Ambos accedieron a encontrarse para negociar y hacer las paces, y ella intercedió incluso para que se prestasen ayuda militar. El acuerdo se cerró con diferentes proyectos matrimoniales que estrecharían los lazos entre ambas familias, pero, sobre todo, demostró la capacidad de negociación de Octavia, que se vio en la necesidad de mediar entre los dos hombres durante los días que duraron los intercambios (fig. 11). Octavia se representa, así, como una mujer que realizó un gran trabajo diplomático equilibrando los intereses de los dos triunviros, pero, en particular, buscando el bien y, de nuevo, la salvación de Roma. Cuidando los intereses de su familia había demostrado su capacidad para beneficiar igualmente al Estado romano. Fue, a ojos de la mentalidad romana, la imagen ideal de la intermediación diplomática femenina.

2.
Espías

Servir en una embajada era algo arriesgado, tanto para hombres como para mujeres: la obtención de información siempre ha sido una actividad sospechosa, pues las razones para las que se busca nunca están demasiado claras. Puede utilizarse para beneficiar o perjudicar, se compra y se vende, pero siempre es un arma poderosa, tanto en la guerra como en la paz. Por eso, las personas que ejercían labores de embajada o de mediación estaban casi siempre bajo sospecha, a veces con desagradables consecuencias, ya que eran acusadas de traspasar la frontera de la buena voluntad y dedicarse al espionaje (fig. 12).

Además, la tarea de embajada era ejercida en Roma bajo dos fuertes condicionantes. El primero, como ya se ha dicho, estribaba en que su objetivo principal consistía en conseguir información; y el segundo, que cualquiera que fuera la naturaleza de la misión diplomática que era encomendada, esta debía ser exitosa al final. Tal presión conducía a desviaciones en las actuaciones diplomáticas que se consideraban necesarias para cumplir los objetivos antes mencionados, pero que no resultaban reconocidas de forma positiva por el conjunto de la sociedad.

Por ello, a nadie puede sorprender comprobar que el recurso a los espías, tanto en la Antigüedad como en la actualidad, se realizase, a su vez, bajo la presión de otros dos grandes imperativos. Por un lado, conseguir información militar en tiempos de guerra, y esta fue una situación acuciante durante gran parte de la República romana, en la que se hacía necesario ayudar al ejército, sobre todo en los escenarios de asedio y toma de ciudades; y, por otro, lograr noticias de tipo político e institucional que permitieran hacerse una idea de la propia situación y la de las comunidades vecinas. En realidad, esta última era la tarea principal de la diplomacia romana, puesto que sobre la base de esas

Fig. 12. *Mujeres romanas conversando*. Pintura pompeyana, siglo I d. C. Museo Arqueológico de Nápoles. Wikimedia Commons.

Fig. 13. *Matrona sentada*. Sarcófago de Publio Elio Pompeyo y Prócope, Sinope, Turquía, siglo II d. C. Museo arqueológico de Estambul. Wikimedia Commons.

L·POMPEIVS·VETER·EX
VMERIAEPPOCOPETICO
SSIMIEO·PVDICITIAE·CASTI
VAE·ILAIANNEL ET·MIHI·VIV
BITVM·NOSTRVM·APERVERIT
SITPOENAENOMINEREIPVBL·SPL
NOR·DENAR·QVINQVE·MILIA·SIMV
AΙΑ·ΠΟΜΠΗΙΟC ΕΞΕΚΑΤΟΝΤΑΡΧΙΑC
POKOΠHΓΥΝΑΙΚΕΛ·TOYEΥCEBECIAT
CEMNOTHTICωΦΡΟCΥΝΗCMEMAPTYPH
CHCTECIIΛΕΝ·KAIEAYTωZωNEΘHKA·ΘΑΝΑ
TOHMICKATATEθHNAIΘΟΛΗΙCΑCANOIΞΟΤ
ΠΥΑΙΝΟΝΔωCEITPOCEICMYTEΛAM
KOΔωNEIAΓINΩIΘHΔΠΕΝΤΑ CICCX
ΥΠΟΘΥΝΟICΟΤΟΙCΑΔΜΗVΙΛ ΠΑC

informaciones se tomaban gran parte de las decisiones relativas a la política exterior. Siendo la principal misión de quienes partían en embajada conocer la posición de aquellos que eran sus interlocutores en relación con un asunto determinado, ya fuera político, económico, militar o religioso, existía siempre el peligro de que quienes accedían a la recepción llegaran a considerar a los integrantes de la embajada, no ya como los representantes de una comunidad extranjera, sino directamente como espías al servicio de intereses foráneos. Y ello ponía con frecuencia bajo sospecha al séquito de las legaciones, que era vigilado con especial dedicación.

Cuando los embajadores y sus comitivas viajaban a los lugares a los que se les encomendaban sus misiones, estaba claro que los primeros tenían una misión oficial, pero entre sus acompañantes siempre había personas cuya misión era la de observar todo lo relativo al lugar que se visitaba, tanto desde el punto de vista militar como civil. Por eso, muchas veces, los «grupos» diplomáticos eran observados con desconfianza. Entre ellos había mensajeros, heraldos, comerciantes, así como esclavos e informantes. No sabemos si en época republicana había mujeres que formaran parte de dichas comitivas, aunque es probable. Pese a que la figura de la «pareja de embajadores» no es habitual en la diplomacia romana, en algunos casos de época republicana y ya más tarde durante el período imperial, determinados cargos provinciales viajaban acompañados de sus esposas. Ello, evidentemente, proporcionaba el entorno apropiado para que las mujeres ejercieran las labores de hospitalidad que habitualmente se les requerían y que favorecían las iniciativas de mediación, en casos en los que, por ejemplo, hubiera que estrechar determinadas alianzas.

Plauto, en su comedia *Estico* (490), recuerda el caso de unos embajadores de Ambracia, convocados a un banquete vespertino en una mansión que, aunque se representa en un escenario griego, recrea posiblemente una situación que se producía en la propia Roma, en la que los legados extranjeros visitaban las casas de los notables con el fin de presionar en favor de sus intereses. En estas veladas, las mujeres tomaban protagonismo y, posiblemente, actuaran como mediadoras para estos embajadores (fig. 13). Las numerosas ocasiones en las que las fuentes clásicas alaban la belleza de determinadas mujeres, su inteligencia y su habilidad para entablar y llevar conversaciones dejan entrever cuál era el papel que se les podía asignar en un contexto diplomático en el que fuera necesario obtener y transmitir información sensible. Pero esta posibilidad era un arma de doble filo, ya que el destino de dicha información podía convertir a sus receptoras de aceptables mediadoras en sospechosas espías. Incluso, en época imperial, este acompañamiento de las esposas a sus maridos desplazados a provincias por razones institucionales será motivo de crítica y rechazo por parte de las instituciones romanas.

2.1. El fracaso en diplomacia: ¿morir a causa de la patria?

La diplomacia romana estaba tan condicionada por las circunstancias coyunturales que el éxito de las misiones era considerado fundamental. El fracaso de una operación conducía al descrédito de los protagonistas y, en ocasiones, acarreaba su muerte. La historia de Roma deja clara constancia de ello para una mujer en particular. En el mismo contexto de la crisis de las sabinas del que ya se ha hablado con anterioridad, conocemos un caso especialmente doloroso, ya que allí donde aquellas tuvieron éxito, otra mujer antes que ellas, Tarpeya, fracasó de forma estrepitosa y lo pagó con su vida. Las sabinas culminaron de forma positiva su acción diplomática, pero antes del suyo hubo otro intento fallido de atajar la crisis.

La joven Tarpeya, hija de Espurio Tarpeyo, el jefe militar encargado de la defensa de la ciudadela de la Ciudad, medió, antes de la intervención de Hersilia, para que los sabinos entraran en Roma desarmados, probablemente con el objetivo de forzarlos a un encuentro con Rómulo donde pudiera negociarse un alto el fuego. Pero Tarpeya, quien llegó a reunirse en secreto con el rey de los sabinos y a intercambiar juramentos con él sobre el respeto de los acuerdos, fue traicionada por estos cuando les dio acceso a Roma a través de una puerta en su muralla, y terminó muerta aplastada por los escudos enemigos. Su fracaso, y las distintas versiones sobre su acción, terminaron convirtiéndola en una traidora a la patria, ya que habría favorecido la irrupción de los sabinos, bien por codicia, deslumbrada por el oro de las joyas con las que se adornaban los soldados, o bien por amor, ya que se habría enamorado de Tito Tacio, el rey de los sabinos, al verlo desfilar con su ejército delante de la Ciudad.

Las versiones contradictorias sobre la acción de Tarpeya, que la convierten tanto en una heroína fracasada como en una traidora a la patria, nos permiten suponer que su actividad de mediación, por las razones que fueran, no llegó a buen puerto y, a diferencia de las sabinas, que fueron premiadas públicamente por su éxito, la cultura romana de la ejemplaridad no consideró positivo recordar a Tarpeya como una embajadora modélica, máxime cuando se trataba de una mujer que, aparentemente, había sucumbido a las debilidades propias que se le atribuían a su condición femenina. El problema no era solo que no hubiera podido salvar a Roma, sino que la había puesto en claro peligro. Su manejo de la información fue incorrecto, y el secretismo con el que actuó la situaban en una posición cuando menos ambigua.

Encontrar la muerte al final de una práctica diplomática dudosa afectó tanto a romanas como a extranjeras. Las fuentes antiguas afirman que la cartaginesa Sofonisba era una mujer muy bella y de linaje real; también dicen que era inteligente y que sabía llevar una conversación de forma amena. Todas estas cualidades, que la hicieron extraordinariamente atractiva para los jefes númidas más importantes de la segunda guerra púnica, despertaron igualmente el recelo de Escipión el Africano, que, cuando su aliado Masinisa le informó de que deseaba casarse con la princesa púnica después de la derrota de Sífax, su primer marido, ordenó, sin dudarlo, la muerte de la mujer (Livio, 29.23; 30.3.12-15; texto 4). El general romano sospechaba que, además de la influencia que como esposa po-

Fig. 14. *El suicidio de Sofonisba o de Cleopatra*. Pintura mural, Pompeya. Casa de Giuseppe II, siglo I d. C. Wikimedia Commons.

día ejercer sobre su marido cambiando el juego de alianzas de la guerra anibálica, Sofonisba tenía una posición privilegiada desde la que obtener información sobre la alianza romano-númida, que podía perjudicar el desarrollo de una contienda contra los cartagineses, decisiva para la supervivencia de Roma. De nuevo, nos encontramos en un escenario en el que está en juego la salvación de Roma, aunque en este caso tenemos una potencial espía cartaginesa actuando contra los intereses romanos (fig. 14).

TEXTO 4.
LA PRINCESA CARTAGINESA SOFONISBA, BAJO SOSPECHA
(Livio, *Historia de Roma desde su fundación* 30.14.8-11)

«Escipión a Masinisa:

Sífax, conforme a los designios del pueblo romano, ha sido vencido y capturado. Del mismo modo, su esposa, su reino, sus campamentos, sus ciudades fortificadas y todos sus habitantes han pasado a ser botín de Roma. Es conveniente que enviemos al rey y a su esposa a Roma, incluso si ella no era ciudadana de Cartago o si su padre no fue un general enemigo. Corresponde al pueblo romano juzgar y decidir sobre ella, pues fue quien nos arrebató un aliado e impulsó su ataque precipitado. Controla tus sentimientos y cuida que un solo error no empañe todas tus virtudes, ni que una falta mayor arruine el reconocimiento que mereces por tus logros».

La debilidad amorosa que Masinisa siempre había sentido por la princesa le convertía, a ojos de Escipión, en una presa fácil de la que extraer información altamente sensible. La respuesta de Sofonisba, que cometió un suicidio «patriótico» a los ojos de historiadores y poetas, y, posteriormente, de pintores y músicos de ópera, anticipaba el castigo que los romanos infligían a los enemigos de la República imperial. Paradójicamente, la muerte de Sofonisba quedó recogida en la recepción clásica como el acto patriótico de una cartaginesa que no deseaba someterse a la humillación de verse convertida en un trofeo de guerra para los romanos. Sin embargo, lo que asustó a Escipión no fue tanto su capacidad política como su posible actividad hostil contra Roma. El romano la reconoció así como una mediadora eficaz, tal y como lo había probado durante su matrimonio con Sífax.

Volviendo al contexto romano, el *affaire* Tarpeya había dejado meridianamente claro para las mujeres de Roma los peligros del fracaso en las actividades de mediación. Un paso en falso y la labor realizada durante semanas o meses podía verse seriamente comprometida y pasar a sufrir el estigma de la traición, la colaboración con el enemigo y el espionaje. Aunque fuera un ejemplo extranjero, Sofonisba también se encontró en una situación comprometida y lo pagó con su vida. Y, aun así, las mujeres seguían siendo consideradas ideales para estas tareas, tanto diplomáticas como de espionaje. Sin embargo, la imagen romantizada y glamurosa de las espías, producto de la literatura y el cine contemporáneos, no tiene mucho con ver con la que proyectaban las mujeres de la Antigüedad que se vieron involucradas en esos escenarios. En realidad, la propia dinámica de la práctica diplomática, cuyo objetivo principal era la búsqueda de información, establecía una fina línea entre los métodos legítimos o ilegítimos para contar con algún tipo de dato ventajoso en una situación de conflicto. Y la presencia en estos contextos de las mujeres, que no solían tener una representación oficial de sus comunidades, favorecía su consideración como agentes encubiertos y, en cierto modo, legitimaba su participación en estas tareas éticamente discutibles. Además, los estereotipos que marcaban la conducta pública de las féminas, de las que se esperaba discreción, por un lado, y desinterés por las cuestiones militares y políticas, por otro, las colocaban en una posición ambigua, ideal para escuchar conversaciones en las que se revelaban informaciones importantes.

A pesar de ello, o quizás precisamente por ello, de las mujeres parecía esperarse siempre una conducta patriótica, en defensa de su comunidad, pero, sobre todo, de sus esposos e hijos. En el antiguo concepto de patria todo iba estrechamente unido, ya que el bienestar familiar se equiparaba a menudo con el del Estado. En este orden de cosas, las mujeres, al ser responsables de sus esposos e hijos, tenían una misión similar con respecto al Estado (fig. 15). Por eso, tal y como ya se ha señalado, sus acciones colaborativas en la diplomacia estaban condicionadas, en su mayor parte, por sus relaciones de parentesco. Puesto que esas acciones tenían que ver, en su mayor parte, con la obtención

Fig. 15. James Pradier, *Las Tres Gracias*. Museo del Louvre. Wikimedia Commons.

de información, el interés de esta tarea se redoblaba en los casos en los que Roma se encontraba en peligro por una amenaza bélica, ya que, a falta de un servicio de inteligencia estructurado, cualquier posibilidad de lograr noticias útiles en campaña era bienvenida.

2.2. Espías en acción

Por todo ello, las mujeres, en general, parecían ser el instrumento idóneo para las conductas relacionadas con el espionaje por razones de género. Su mirada era una mirada educada en el pudor y, de forma habitual, con prejuicios, se consideraba que las mujeres veían, pero no miraban. Desde un punto de vista social, había una discreción relativa impuesta tanto a la mirada de las mujeres como sobre las mujeres que beneficiaba a quienes hacían trabajo de espionaje, ya que habitualmente no eran sospechosas de mostrar curiosidad sobre cuestiones militares o estratégicas. Por eso, en un contexto de guerra, parece razonable pensar que se recurría al envío de mujeres para adquirir y conocer noticias sobre los enemigos de forma secreta.

A muchas de ellas se les atribuía el ejercicio de la prostitución, ocupación ambigua, pero que les facilitaba el acceso de forma frecuente a los campamentos donde circulaba más fácilmente la información militar, por lo que eran habitualmente sospechosas de comportamientos indebidos y traicioneros. Su reputación no las convertía en sujetos ejemplares en las fuentes literarias grecorromanas. Por ello, en principio, si había fugas de información, se sospechaba en primer lugar de estas cortesanas. La razón fundamental estaba en que, de forma general, se consideraba que las mujeres en los recintos militares eran motivo de distracción y pérdida de control por parte de los soldados, lo que favorecía el intercambio de información sensible.

Desafortunadamente, no contamos con menciones directas de espías femeninas en las fuentes clásicas que conservamos. Lo cierto es que, dada la naturaleza de su actividad, tampoco es de extrañar que sean las que menos rastro han dejado en los relatos disponibles. Además, muchas de ellas realizarían esta actividad probablemente en situaciones de precariedad y pobreza, por lo que no solían atraer el protagonismo en las obras de los historiadores antiguos, más dedicadas a las gestas y a los relatos bélicos.

El título de espías parece corresponder mejor con tiempos de guerra, mientras que el de informantes se ajusta más a una situación de relativa estabilidad política y militar. Durante la segunda guerra púnica, Tito Livio relata que una mujer campana denunció ante uno de los generales romanos los planes de deserción de los númidas presentes en el campamento, que tenían intención de reunirse con Aníbal y su ejército. La mujer, que se había acercado a dicho campamento y había sido recibida por el líder romano, parece mostrar una gran soltura en su circulación por el lugar. Sabe que tiene información sensible, que es probable que tenga un precio o una recompensa por parte de los romanos, y también parece razonable pensar que está acostumbrada a traficar con este material, puesto que es ella misma quien se ofrece para realizar un careo con el númida del que ha conseguido la noticia (texto 5). La forma de extracción de la información es también clara, puesto que el texto cita que la mujer campana es la amante del númida desertor, por lo que el lector tiende a pensar que ha traicionado la confianza del hombre. Este escenario de intervención femenina en tareas de espionaje o de tráfico de información parece ser habitual en tiempos de guerra. La proximidad amorosa o erótica a los soldados en los campamentos facilitaba, de algún modo, la venta de información relevante por parte de algunas mujeres.

TEXTO 5.
EL *MODUS OPERANDI* DEL ESPIONAJE FEMENINO
(Livio, *Historia de Roma desde su fundación* 12.16-17)

«De repente, una mujer de Capua, amante de uno de los tránsfugas, se presentó en el campamento para denunciar ante el general romano que los númidas habían planeado un engaño: fingir su deserción con el propósito de entregar una carta a Aníbal. Como prueba, estaba dispuesta a delatar a uno de ellos, quien le había revelado el plan. El hombre fue llevado ante el general y, al principio, negó con firmeza conocer a la mujer. Sin embargo, a medida que se presentaban pruebas en su contra y, al ver que se preparaban los instrumentos de tortura, terminó por confesar la verdad. Finalmente, la carta fue descubierta».

Hay que recalcar, sin embargo, que la presencia femenina era obviamente menos abundante que la masculina en contextos militares y, en principio, más discreta. Generalmente, gran parte de las mujeres estaban dedicadas a funciones subalternas —cocina, limpieza, puesta a punto de uniformes y armas— y había una tendencia a no desconfiar de ellas, por lo que sus posibilidades de obtener noticias y transmitir información eran mejores. También les favorecía el hecho de que, probablemente, utilizaran con mayor frecuencia la amabilidad y el tacto para el trato con sus interlocutores, así como la evidencia de que se dedicaban de forma habitual a los cuidados de los demás.

Este pudo ser el caso de Pacula Cluvia, otra mujer campana, antigua prostituta, a quien el Senado romano consideró oportuno premiar por haber suministrado alimentos de forma clandestina a los prisioneros romanos durante la toma de Capua en el 211 a. C., de nuevo en el contexto del enfrentamiento de la guerra anibálica. Las prostitutas, como ya se ha señalado antes, eran un colectivo relativamente abundante en el entorno de los campamentos, y es obvio que se trataba de una mujer conocida, que no levantaba sospechas, ya que en caso contrario no hubiera tenido acceso a los prisioneros romanos. Dado que fue premiada por esta acción, no hay que descartar que también aprovechara este trasiego para obtener información que ayudara a los romanos en la toma de la ciudad campana (Livio, 26.33). Aun así, tampoco hay que pensar que las mujeres eran libres de ir y venir a los recintos militares, y que esto siempre terminaría por provocar desconfianza.

También ha de considerarse que una gran parte de la comunicación entre mujeres se realizaba por carta y que, en principio, el intercambio de la información en esos correos femeninos se menospreciaba, por lo que fácilmente pudieron ser utilizadas para esa forma de transmisión de noticias, aunque carezcamos de datos concretos al respecto en las fuentes antiguas (fig. 16). En muchas ocasiones, la comunicación de informaciones hacía que pudieran mezclarse los roles de espía y mensajera. Ello se debía a que, también, en un porcentaje alto de situaciones, las novedades transmitidas hacían referencia a

Fig. 16. *Muchacha leyendo*. Estatuilla en bronce, siglo ı d. C. Museo de la Bibliothèque nationale de France, Cabinet des Médailles. Wikimedia Commons.

un complot, a una conspiración o a un plan determinado. Sin embargo, no tenemos referencias concretas en las fuentes literarias para época republicana y solo es posible plantear esta cuestión por comparación con lo que sucederá posteriormente durante el período imperial.

Conclusiones:
la mujer en la diplomacia antigua

Tradicionalmente, la diplomacia ha sido una práctica extraordinariamente conservadora, y ello puede comprobarse desde la Antigüedad hasta la época actual. Tanto la realidad contemporánea como numerosos estudios históricos han demostrado que ha sido especialmente complicado para las mujeres introducirse en la práctica diplomática como representantes de pleno derecho. Lo más habitual era que, desde la época moderna, la «mujer del embajador» fuera considerada como un apéndice útil del titular del cargo y que se dedicara, sobre todo, a ofrecer té y simpatía a todos aquellos que se acercaran a la sede de la embajada. Su labor entraba dentro del marco de lo que se conoce como *soft diplomacy*, que consistía en preparar un entorno adecuado de sosiego y tranquilidad para la negociación, que sería llevada a cabo por hombres. Como mucho, podía considerarse que eran «mujeres de influencia»

La diplomacia romana, como se ha visto, no fue un ejemplo de progresía *avant la lettre*. Quienes fueron elegidas como embajadoras tuvieron que actuar en circunstancias difíciles, a veces con riesgo de sus vidas. Fueron escogidas por razones de parentesco familiar y de liderazgo de clase y género. Pero su intervención fue decisiva en momentos importantes de la historia de la República romana. Por eso fueron premiadas y reconocidas públicamente con honores destacados. Aunque no consiguieron formar parte del entramado institucional romano, los autores antiguos visibilizaron su esfuerzo y su contribución a la supervivencia de Roma y su imperio.

¿Existieron las embajadoras en Roma? Sobre las fuentes y la bibliografía

Los autores grecorromanos consideraban la diplomacia como un aspecto más de la guerra, y no estaba ligada exclusivamente a la idea de alto el fuego y de la paz, como sucede en la actualidad. Por eso, en gran medida, son los relatos sobre la conquista territorial y la expansión transmarina de Roma en época republicana los que contienen un mayor número de referencias a embajadas y agentes diplomáticos de todo tipo. Debido a ello, cuando se estudia la práctica diplomática romana en general hay que recurrir a autores como Tito Livio y Apiano, que dedicaron gran parte de sus obras a la narración de las guerras de los romanos. Además de ello, otros escritores griegos como Dionisio de Halicarnaso o Diodoro de Sicilia, que narraban diferentes aspectos de la historia de Roma en sus obras, han transmitido informaciones sobre los intercambios diplomáticos entre los romanos y otras comunidades extranjeras en el período republicano.

Sin embargo, como la guerra solía considerarse una cuestión masculina, la información predominante en las fuentes literarias está centrada en las acciones diplomáticas de los hombres. A pesar de ello, Dionisio de Halicarnaso y Diodoro de Sicilia no tenían problemas en equiparar la terminología de la actividad diplomática de hombres y de mujeres, por lo que las menciones expresas a embajadoras suelen aparecer con más facilidad en los textos en griego. Por su parte, los textos latinos no mencionan expresamente a las mujeres en contextos diplomáticos como embajadoras. Salvo el fragmento poético de Ovidio que se ha citado al comienzo de este cuaderno, no tenemos otros testimonios al respecto. Aun así, también hay que recordar que las referencias generales a legaciones romanas son más escasas que las de extranjeras, ya que la práctica diplomática romana consideraba que Roma estaba en un plano de superioridad en el cual no necesitaba entablar negociaciones con sus interlocutores.

A este respecto, tal y como se ha observado, la cultura diplomática romana equiparaba la actitud de las mujeres en diplomacia con la de suplicantes, incluso aunque fueran romanas, situándolas, por tanto, en ese plano de inferioridad. Probablemente por ello, el mayor protagonismo se les concedió en el ámbito de la hospitalidad y las acciones de recepción diplomática. Esto se aprecia claramente en autores como Plutarco en las biografías de sus *Vidas paralelas*, así como en escritores que recogen anécdotas moralizantes de la Antigüedad, como Valerio Máximo, quienes aportan informaciones interesantes sobre la participación de las mujeres en actividades relacionadas con la diplomacia.

Las fuentes epigráficas no son de ayuda en esta cuestión, puesto que las menciones a embajadas extranjeras enviadas a Roma provienen mayoritariamente de la epigrafía griega y nada dicen sobre la participación femenina en estos contextos. Por lo que se refiere a la iconografía, tampoco contamos con referencias explícitas, aunque vale la pena tener en cuenta que tanto la pintura como el mosaico de época imperial contienen un buen número de imágenes ambientadas en contextos mitológicos que representan numerosas escenas de recepción en las que las mujeres actúan en el marco de la hospitalidad de su casa. Por su cronología, esta iconografía no se puede situar en la República romana, aunque hay que pensar que muchos eventos habituales, como la organización de banquetes, tendrían una apariencia no demasiado diferente en ambos períodos. En estas imágenes, las mujeres aparecen en posición sedente frente a los recién llegados, que permanecen de pie en la entrada de sus casas o en jardines aledaños.

Por lo que se refiere a la bibliografía actual, históricamente la mayor parte de la producción sobre las relaciones exteriores de Roma se centra en instrumentos diplomáticos como son los tratados, pero desde fecha reciente se viene prestando mayor atención a otros aspectos, como los agentes —embajadores—, los espacios o los protocolos. Y no ha habido prácticamente interés por las mujeres en diplomacia por la escasez de fuentes, a excepción de Elena Torregaray Pagola, «Mujeres y práctica diplomática en Roma: contextos y oportunidades», en Cristina Rosillo-López y Silvia Lacorte (eds.), *Cives Romanae: Roman Women as Citizens during the Republic*, Zaragoza-Sevilla, 2024, 299-326. Sobre las mujeres y el poder fuera de la *domus* es interesante el trabajo de Rosario Cortés Tovar, «Espacios de poder de las mujeres en Roma», en Jesús María Nieto Ibáñez (ed.), *Estudios sobre la mujer en la cultura griega y latina*, León, 2005, 193-215. Para conocer mejor el tema es necesario buscar referencias a algunas actividades diplomáticas en estudios que tratan otros aspectos de la biografía de algunas de las protagonistas de las que se ha hablado en los apartados anteriores. Así, sobre la abducción de las sabinas tenemos la actualización de Julia Guantes García, «Maternidad y filiaciones en la Roma primitiva. Una revisión del rapto de las Sabinas», en Rosa María Cid López, Almudena Domínguez Arranz y Rosa María Marina Sáez (eds.), *Madres y familias en la Antigüedad: patrones femeninos en la transmisión de emociones y de patrimonio*, Oviedo, 2021, 99-114; de Veturia, Elena Redondo Moyano, «El encuentro de Veturia y Coriolano (D. H. *Antiquitates Romanae* 8.44-53)», *Studia Philologica Valentina* 18, 2016, 335-342. Sobre Cornelia puede consultarse el capítulo de Sara Casamayor Mancisidor, «Mujer y memoria en la Roma republicana. Cornelia, matrona ejemplar», en Manuel Cabrera Espinosa y Juan Antonio López Cordero (eds.), *VIII Congreso Virtual sobre Historia de las mujeres*, Jaén, 2016, 141-163; para Octavia, Rosa María Cid López, «Octavia. La noble matrona de la *domus* de Augusto», en Rosalía Rodríguez López y María Jesús Bravo Bosch (eds.), *Mujeres en tiempos de Augusto. Realidad social e imposición legal*, Valencia, 2016, 307-331, y Gustavo García Vivas, *Octavia contra Cleopatra. El papel de la mujer en la propaganda política del Triunvirato (44-30 a. C.)*, Madrid, 2013.

Sobre Cleopatra se ha publicado recientemente una excelente biografía que aborda el perfil diplomático de la reina: Bernard Legras, *Cléopâtre l'Égyptienne*, París, 2022; sobre Sofonisba son interesantes las reflexiones de Jacqueline Fabre-Serris, «Identity and Ethnicities during the Punic Wars: some reflections on Livy's portrait of the Carthaginian Sophonisba», en Jacqueline Fabre-Serris, Alison Keith y Florence Klein (eds.), *Identity, ethnicities and Gender in Antiquity*, Berlín, 2021, 93-111.

No hay referencias directas a mujeres romanas dedicadas al espionaje en época republicana, aunque sí las hay para el mundo griego. En general, estas obras tratan el asunto dentro de un contexto general sobre la forma de participación de las mujeres en las guerras. Al respecto se recomienda leer a Pasi Loman, «No woman no war: Women's participation in ancient Greek warfare», *Greece & Rome* 51, 2004, 34-54; Sophie Hulot, «Les femmes dans les violences de guerre du monde romain (IIIe siècle avant J.-C.-Ier siècle après J.-C.)», *HiMA: Revue internationale d'histoire militaire ancienne* 11, 2022, 103-117; Alberto Pérez Rubio, «Mujer y guerra en el Occidente europeo (siglos III a. C. - I d. C.)», en Jordi Vidal Palomino e Ignacio Borja Antela Bernárdez (eds.), *Más allá de la batalla: la violencia contra la población en el mundo antiguo*, Zaragoza, 2013, 97-126. Sobre el espionaje en el mundo romano hay algunos datos útiles en Raúl Buono-Core, «Relaciones, información, espionaje y servicios de inteligencia en Roma», *Semanas de Estudios romanos* XI, Valparaíso, 2002, 65-83. Para las mujeres en los campamentos romanos es imprescindible consultar Borja Vertedor Ballesteros y Hatin Boumehache Erjali, «Female mobility in diplomatic and military practice during the Roman expansion in the West (III-II c. BC)», en Arnau Lario Devesa, Joan Campmany Jiménez, Marc Marzo Pallàs y Oriol Morillas Samaniego (coords.), *Not all roads lead to Rome: Interdisciplinary approaches to mobility in the Ancient World*, Oxford, 2023, 13-27.